BUDDHA

PAR

Jeanne-Lydie SAWYER

PRIX : 0 fr. 75

PARIS

CHAMUEL, ÉDITEUR

5, rue de Savoie, 5

1897

Droits de traduction réservés

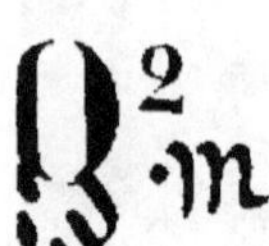

BUDDHA

BUDDHISME POPULAIRE

BUDDHA

PAR

Jeanne-Lydie SAWYER

PARIS

CHAMUEL, ÉDITEUR

5, rue de Savoie, 5

—

1897

Au Buddha comme à mon Guide je vais.

A la Loi comme à mon Guide je vais.

A la Confrérie comme à mon Guide je vais.

COUP D'ŒIL

LES GRANDES RELIGIONS

Le Buddhisme compte 500,000,000 d'adhérents sur terre, au nombre desquels sont des intelligences vraiment nobles et des volontés inébranlables, rayons divins des plus puissants pour la réalisation universelle du Bien général.

Le Christianisme n'est pas l'unique religion qui possède la connaissance du seul et vrai Dieu.

Les prêtres de l'Egypte, de la Chaldée et de Babylone, enseignaient l'unité de Dieu aux Initiés ; tous les livres religieux de l'Inde et de l'Orient prouvent bien que les Indous et les Persans avaient, eux aussi, connaissance de l'unité de Dieu.

Le Christianisme a été dans l'impossibilité d'échapper à cette loi d'Initiation religieuse et de doctrine secrète, réservées seulement aux prêtres, dans toute l'antiquité, aussi l'erreur grave du Christianisme a été de nommer le peuple juif, le peuple de Dieu.

C'est au contraire le Dieu des chrétiens qui se rapproche de la doctrine aryenne, pour laquelle Dieu est l'Etre universel, l'Esprit pur, tandis que le Messie terrestre est son fils, son porte-parole, qu'il s'appelle Jésus, Krishna, Ram ou Buddha.

L'Incarnation, théorie aryenne et plus tard donnant naissance à la Trinité, est venue de l'Inde pour être enseignée à Alexandrie.

Il nous faut remonter à la période védique, qui est une période de conquête, correspondant à l'entrée des Aryas de l'Indus, descendant jusqu'au Gange ; les Aryas ou nobles, étaient des tribus unies entre elles, par la communauté d'origine et distinguées par une intelligence supérieure.

La race jaune ou les Dasyus n'avaient pas de religion et ne semblaient pas avoir besoin de l'idée de Dieu.

En effet, Confucius, le philosophe le plus populaire de la race jaune, a basé sa religion sur le principe de morale et de raison, uniquement.

Ce furent les Aryas qui fondèrent l'Inde Brahmanique, civilisation noble par excellence. Leur culte était des plus simples, leurs hymnes étaient des prières. A partir de ce moment il existe une base pour affirmer l'Unité de Dieu ; le Brahmanisme promulgue l'institution des castes à son origine ; ainsi, la religion et la philosophie analysées nous offrent un coup d'œil féerique ; les questions sociales et politiques et l'étude profonde du *Manava Dharma Sastra* font encore aujourd'hui le sujet de travaux métaphysiques importants, qui donnent une impulsion extraordinaire à l'intellectualité orientale contre laquelle l'Occident a peine à résister.

Admettre l'union avec Dieu est le sommet de la morale indoue ; on peut s'en convaincre par la lecture de l'épisode du grand poème la *Bhagavad-Gitâ*, qui fait naître une religion nommée Krischnaïsme en l'honneur de son fondateur Krischna.

La doctrine du Krischnaïsme explique que le monde sera sauvé par un Dieu fait homme. La méditation de sa philosophie révèle des idées admirables et une conception vivante dans ses vérités sublimes d'élévation d'âme et de senti-ment.

« Que tous les êtres soient heureux ! » Telle est la merveilleuse invocation finale de la *Bhagavad-Gîtâ* ou *Chant du Bienheureux*.

Nous allons examiner maintenant les caractères distinctifs du Buddhisme.

ORIGINES DU BUDDHISME

ORIGINES DU BUDDHISME

Le Buddhisme n'admet pas qu'un livre religieux soit inspiré par Dieu ou un ange.

La doctrine enseignée par le Buddha a été acquise par une profonde érudition et de longues heures d'études ; ses méditations étaient le résultat obtenu par une existence chaste et pure.

C'est en Homme que le Buddha s'est posé, et c'est par lui-même que l'homme peut atteindre les degrés de la perfection morale et spirituelle.

Illuminé, il était alors idéaliste, et dans la réalité il montrait une conduite exemplaire.

La moralité, selon le Buddha, est au-dessus des pratiques religieuses ; l'aumône, la pureté, l'énergie, la patience et la charité sont ses vertus favorites ; l'ignorance est l'ennemie de la connaissance des quatre vérités du salut.

Dans ces quatre vérités sacrées traitant de

la douleur, de l'origine de la douleur, de la suppression de la douleur, du chemin qui mène à la suppression de la douleur, il y a une profondeur philosophique admirable.

C'est parce que nous comprenons ces quatre vérités que le désir de vivre disparaît ; le monde n'est-il pas tout de douleurs ? Rien n'échappe à cette Loi : « Tout ce qui naît est périssable » ! La certitude du Nirvâna est un repos absolu, éternel ; le retour à la vie est douleur ; ce qui ne périt pas, ce qui est éternel, c'est le Nirvâna.

Le développement de la personnalité est compris, par le Chrétien, comme perfection ; son bonheur futur est de voir Dieu, l'absorption de l'être humain n'existant pas en Dieu. L'âme humaine étant un atome de Brahma, selon le Vedantiste qui explique le Dieu existant par lui-même, est éternelle et la délivrance serait l'absorption de l'âme en Dieu.

Mais d'après le Sankhya, autre philosophie hindoue, l'âme ne serait qu'une forme spéciale de la grande âme universelle et le Buddha, d'après le savant Burnouf, admettait la multiplicité, la distinction et l'éternité des âmes.

Ce n'est pas le Buddha qui délivre les êtres ;

il démontre qu'il s'est lui-même délivré, et ce qui donne à sa parole une puissante force, c'est qu'elle éveille le désir de connaître la vérité par soi-même.

Tandis que le Dieu de la Chrétienté est un Dieu qui anéantit le droit de raisonner, Buddha ne se croit pas l'unique fils de Dieu. La flamme étincelante de l'intuition divine, il croyait sincèrement qu'elle était donnée à quelques-uns des privilégiés pour éclairer les autres.

Le Buddhisme ne reconnaît pas l'ignorance. La doctrine buddhique enseignée par le Buddha a été acquise par une étude profonde; et l'érudition de ses travaux, ainsi que ses méditations, étaient obtenues par la pratique d'une chasteté et d'une pureté de pensées et d'actions extraordinaire.

C'est donc en Homme que le Buddha s'est posé et c'est par lui-même que l'homme peut atteindre tous les degrés d'une perfection morale et spirituelle.

L'homme est en tout semblable à la nature; l'homme est complexe; la nature qui subit l'évolution, la naissance et la mort, forme le circuit d'ascension et de descente, créant ainsi un

changement incessant d'innombrables person-
nalités d'où chaque vie est dirigée vers le bien
ou vers le mal, selon le chemin choisi dans cette
existence passagère. Ainsi l'homme crée lui-
même les images de ses fantaisies et de ses désirs.

Selon sa conception il s'enquiert de l'essence de l'Être, de l'essence de l'essence, comme
explique le célèbre Max Muller, traduisant les
livres sacrés de l'Inde.

« Sur la terre repose la vie de tous les êtres ;
la terre est pénétrée par les eaux ; l'eau donne
naissance aux plantes, les plantes servent de
nourriture à l'homme ; le meilleur de l'homme
est la parole, la meilleure des paroles est le Rig-
Veda ; l'extrait de ce qu'il y a de mieux dans
le Rig-Veda est le Sama-Veda, la perle du
Sama-Veda est la syllabe *Om*. »

C'est en somme la recherche de la substance
de toutes choses aussi bien que l'unité de toute
diversité.

D'après Oldenberg, c'est sous une forme ty-
pique que les textes de la littérature védique ont
coutume de présenter deux fois la même doctrine « par rapport aux êtres « ou » par rapport
aux divinités », aussi « par rapport au moi ».

La Loi qui doit mener à la Délivrance est à rechercher; comment, en ce monde de douleurs, se délivrer de la douleur ? C'est ainsi qu'il est très difficile de déchiffrer et de bien saisir les nuances du Buddhisme, et il est bien certain que le Buddha Gautama en savait beaucoup plus long qu'il ne voulait en laisser transpirer.

La destinée humaine repose sur la volonté égoïste, ou soif de vivre, et nier cette soif est une façon de supprimer l'existence. L'être d'aujourd'hui est le résultat de l'être antérieur, la mort est une perspective de renaissances nouvelles. Une conduite droite dans la sagesse pieuse est le guide vers la Délivrance.

La réalité de l'Univers est en proie à une profonde douleur, pleine d'amertume, toujours présente aux yeux des Buddhistes; la vanité et l'instabilité sur terre leur fait toujours chercher avec une admirable et caractéristique résignation les épreuves de la vie; les bons se rendent vers les magnificences du Ciel qui les attend; aussi bien les gardiens de l'Enfer attendent leur proie, les méchants qui ne sont pas délivrés avant d'avoir payé l'expiation de leurs fautes.

Néanmoins, à travers les années qui sont des siècles, cette morne existence continue sa voie vers la lumière d'un salut universel.

Le Buddhisme gagne de jour en jour, augmentant ses adhérents des modernes Spiritualistes, des Spirites, des Hermétistes, des Martinistes, ainsi que des Théosophistes, qui y trouvent la magnanimité tolérante puisée dans les doctrines du Çakya Muni, où la Science et la Sagesse sont comme suprême consolation.

Les perfections du Buddhisme sont obtenues à travers des difficultés, pour ainsi dire insurmontables, et c'est toujours pour le bien des peuples que le Buddha travaille en vue de leur faire partager les bienfaits du ciel. Ceci est la véritable raison qui explique la propagation rapide du Buddhisme dans le monde entier.

C'est à Ceylan que sont conservées les traditions les plus anciennes du Buddha, et où les religieux buddhistes étudient de nos jours les textes sacrés en langue Pâlie.

Burnouf place la naissance du Buddha au viie siècle avant J.-C. Il était de la famille Arya, des Çakyas, de race royale, son père Suddhodâna étant alors roi d'Ayodhya ; lui-même, héritier de la couronne, naquit vers l'an 650 avant J.-C.

Sa mère Mâyâ-Devi mourut sept jours après sa naissance, et, selon la tradition, « après avoir été la demeure d'un Buddha, le sein de Mâyâ était devenu une place trop sacrée pour qu'aucun autre l'occupât jamais ».

Sa mère devait naître dans une famille douée de soixante-quatre qualités, et elle- même devait être ornée des trente-deux signes qui devaient la faire reconnaître élue pour cette haute mission.

Celui qui devait porter les grands noms de Çakya-Muni, de Gautama, de Bhagavat, du Thatagatha et finalement du Buddha, reçut une éducation très soignée et parfaite en tous points.

Il excellait dans les sciences, les arts et les exercices chevaleresques, mais un autre avenir était destiné au prince Siddharta. Tout enfant il se livrait déjà à la méditation, et il ne supportait qu'avec impatience tout le luxe royal qui l'entourait.

A seize ans, le roi, son père, le marie, après l'avoir entouré de tous les plaisirs et de tout le luxe que sa fortune et sa naissance comportaient.

Plus tard, en apprenant la naissance d'un fils, le Buddha s'écriait :

« C'est Rahoula qui m'est né. C'est une chaîne qui m'est forgée. »

La princesse, sa femme, en vain lui parle de son bonheur et de celui d'être père, mais Siddharta n'éprouve que le désir de fuir et songe en lui-même :

« D'où vient la paix qui apporte le bonheur ! »

Enfin, une nuit, il se décida à quitter le palais ; mais, auparavant, il se rend auprès de sa femme endormie, lui adresse un tendre adieu, ainsi qu'à son enfant et, suivi d'un fidèle serviteur, il s'enfuit vers une forêt à la recherche de la Paix. Arrivé au bord du fleuve Anoma, le Buddha coupa sa chevelure avec son épée, remit à son serviteur ses armes et son cheval et lui ordonna de se rendre à Kapilavastou. Il venait ainsi de rompre avec le monde.

Pendant sept années, sous la direction de savants brahmes, il embrassa la vie ascétique, et malgré les austérités les plus rigoureuses et les travaux les plus sévères et les plus abstraits, il n'avait pas encore trouvé la paix qui devait plus tard le rendre immortel.

Il se décida alors à quitter tous ses maîtres spirituels, et à mener une vie errante dans la forêt d'Ourouvela, au milieu des plus pénibles sévérités, afin d'atteindre l'illumination surnaturelle qu'il souhaitait avec ferveur.

Mais plus il torturait sa chair, plus il sentait le but s'éloigner. Dèslors, reconnaissant l'erreur des mortifications ascétiques, qui épuisent le corps et l'esprit, il rompt ce genre de vie, reprend ses forces perdues par une nourriture abondante, s'abstient de tous plaisirs des sens, s'asseoit sous l'arbre Bô, qui devient l'arbre de la Science, et se livre à la méditation.

C'est là sa dernière souffrance ; toutes les joies, les honneurs, les richesses et l'amour défilent devant ses yeux.

Résolu, le Buddha éprouve subitement, une nuit, les splendeurs de l'illumination. La vérité se déroule devant lui en un panorama magique, et lorsqu'il se relève, sa vie est marquée, il est le Buddha et dès cette époque commence ses fameuses prédications.

Il avait trente-six ans alors ; il quitte ses noms de famille et devient le Sage, le Parfait, le Buddha, l'Eclairé.

Une ère nouvelle commença pour lui, lorsqu'il décida de donner quarante-cinq ans de sa vie à ses merveilleuses prédications.

Quatre fois sept jours le Sublime jeûne, assis en une profonde méditation auprès de l'arbre de la Science, fermement convaincu qu'il connaissait la vérité ; ce fut le célèbre sermon de Bénarès qui inaugura le chemin de la Délivrance.

C'était l'explication de la sainte vérité sur la Douleur :

« La naissance est douleur , la vieillesse est douleur, la maladie est douleur, la mort est douleur, l'union avec ce qu'on n'aime pas est douleur, la séparation avec ce que l'on aime est douleur, ne pas obtenir son désir est douleur et les cinq éléments qui constituent l'être physique et moral de l'homme : le corps, les sensations, les représentations, les formations et la connaissance ne sont que douleurs ! »

Et le Buddha se demande comment, en ce monde de douleurs, on doit se délivrer de la douleur ?

Les premiers convertis furent pour la plupart des Anachorètes et des Brahmanes ; puis suivant toujours le but de son pèlerinage il arrive dans le royaume de Magadha où la noblesse, à l'exemple du roi, le suit et se convertit.

Ainsi se répandait davantage chaque jour la plus belle doctrine que le monde ait jamais possédée.

Après huit années écoulées par ses prédications, il se décida à revoir son pays, sa famille et se rendit dans sa patrie.

L'entrevue entre le roi Souddhôdàna, son père, et le Buddha eut lieu dans un bois voisin des palais, car, suivant le rite Buddhique, le luxe royal ne pouvait être accepté de Gautama ; il était semblable aux ancêtres des siècles éteints : tous les Buddhas avaient fait comme lui.

Lorsque ses parents et sa famille l'aperçurent revêtu de sa longue robe jaune, mendiant son pain, ayant un vase d'aumônes à la main, ils demeurèrent saisis d'une profonde admiration.

Depuis le départ du prince Siddharta, la princesse son épouse vivait triste et isolée. Lorsqu'elle aperçut le Buddha devenu mendiant, enveloppé d'une majestueuse dignité, elle se jeta à ses pieds en pleurant.

Alors le Buddha la releva et l'assura que la

charité de son cœur et les bonnes œuvres faites avec tout le dévouement et la tendresse d'une femme lui donnaient la Délivrance.

Son fils Rahoula ne quitta plus, dès ce jour, le Buddha qui l'instruisit dans la doctrine. Cet exemple amena nombre de conversions de nobles qui abandonnèrent leur haute situation pour la robe jaune des mendiants, allant de pays en pays et prêchant aux populations.

Accablé par son grand âge, le Buddha prédit sa fin et passa les derniers moments de sa vie à exhorter ses nombreux disciples. Sentant sa fin de plus en plus proche, le Sublime se rendit péniblement vers le bosquet de Salas, puis s'é-tendit entre deux arbres jumeaux qui se couvrirent aussitôt de fleurs qui tombèrent en pluie parfumée sur lui, tandis que des mélodies célestes se faisaient entendre.

Les forces de Çakya-Muni s'évanouissaient peu à peu au milieu du silence de la nuit radieusement belle, interrompu par les seuls pleurs de son peuple converti. Par trois fois le Buddha répéta ces paroles :

« Si vous avez quelques doutes sur le Buddha, la Loi et l'Assemblée des fidèles, frères, faites-les connaître, je les éclairerai. » Personne ne répondit.

Le Parfait, alors, par un suprême effort, se dressa sur sa couche miraculeusement couverte de fleurs et, d'une voix mourante, prononça ces dernières paroles, admirables et sublimes.

« Je puis donc mourir en paix, mes disciples bien-aimés. Souvenez-vous toujours de ce que je vous ai dit : tout ce qui naît est périssable ! Efforcez-vous d'acquérir des mérites et d'arriver ainsi à la Délivrance. »

Puis, absorbé dans l'extase contemplative, le Buddha Cakya-Muni reposa et se rendit, dans cet état, au Paranirvâna dont on ne revient plus.

DOCTRINES & RÈGLES DU BUDDHISME

DEUXIÈME PARTIE

DOCTRINES ET RÈGLES
DU BUDDHISME

La bonté compatissante pour les terribles fléaux de l'humanité était, chez Cakya-Muni, l'effet de la généreuse magnanimité du penseur et du philosophe. Il eut l'énergie extraordinaire et sublime de rompre les barrières du Code de Manou, et il appella vers lui tous les déshérités du monde, ainsi que toute la noblesse de l'Inde, par sa prédication à la portée de tous les hommes.

La doctrine de la transmigration des âmes, à l'époque du Buddha, était répandue dans toute l'Inde, et Gautama voulait anéantir tout désir de vivre qui est enraciné en l'homme.

« Tout ce qui naît est périssable », dit-il, les transformations continuent après la mort ; l'évolution de l'individu est destinée à le faire réapparaître dans cette vie de douleur, s'il n'a pas encore compris toute la connaissance de ce *moi* qui , une fois détaché des sensations terrestres, des idées de vivre, s'affranchit vers Nirvâna.

Un nombre infini d'incarnations ont précédé l'existence volontaire d'une monade humaine et l'instabilité éphémère de la vie produit des forces diverses ; le Buddhisme reste étranger à tout intérêt métaphysique qui n'a pas sa racine dans l'intérêt moral. La soif de vivre forme ainsi quatre forces destructives, la racine du monde, ce sont : le désir, la naissance, l'erreur et l'ignorance.

Mais lorsque le Buddhisme atteint la perfection, le jeu, le désir, la haine, les craintes et les espérances sont comme un rêve chimérique ; la volonté, le moi n'est plus le maître, l'homme devient indifférent à l'illusion de la vie, et s'il le veut, il a le moyen d'y mettre une fin ; mais s'il préfère suivre le chemin fixé par la Nature l'horloge humaine sonnera à son heure, afin de lui permettre d'atteindre le but rêvé, celui de la Délivrance ; cette route est celle du Nirvâna.

D'après Oldenberg, il n'y a que chez le saint que la connaissance de la mort s'éteint ; tandis que pour ceux qui sont dans la vie de la transmigration, cette connaissance devient la racine d'une existence nouvelle.

Le Buddha enseigne la loi de causalité, l'aspect d'une sage morale qui est le guide de l'Univers.

M. Sedir, l'occultiste bien connu, a dressé un tableau d'ensemble des huit vertus buddhiques, qui donne une idée précise de l'éthique de cette religion.

Règle primordiale : I. Croyance droite exempte de toutes superstitions, de tous préjugés.

Elle détermine : II. La volonté droite qui maintiendra le sujet dans tout le cours de son existence.

<pre>
                       (III.
           (objective (Parole droite.   (V.
           (extérieure(IV.   (Vie droite.
Existence ((Action droite.   (
           (VI.
           (subjective(Efforts droits. (VIII.
           (intérieure(VII.   (Méditation droite
                       (Mémoire droite   (
</pre>

(Initiation, Mai 1895.)

Tout ce que l'Univers présente, toutes les choses sensibles forment le cycle d'apparition et de disparition, mais l'Être peut fuir la souffrance où l'a jeté sa création ; l'existence du monde provient de l'imagination qui donne une opinion erronée sur des principes revêtus d'un corps illusoire.

C'est au rôle de la femme de répandre autour d'elle une douce et charitable influence. Les mérites de l'homme ne doivent s'obtenir que par lui-même, la vie morale l'élève et il connaît ainsi le néant de l'Univers et que la perfectibilité de sa propre vertu est l'unique récompense qui le conduise directement au Nirvâna.

La vie nomade du Buddha le plaçait de préférence dans le voisinage des grands centres de l'Inde à l'abri des passions agitées des villes.

Le peuple accourait en foule pour le voir et pour entendre sa parole.

Il existe beaucoup de tableaux que les textes sacrés ont conservés au sujet de l'activité incessante du Buddha.

Il y avait longtemps que déjà le prestige du Parfait était à son apogée et chaque jour on le rencontrait dans les rues et les ruelles, de maison en maison, la sébile à la main, sans rien demander, les yeux baissés, debout, calme, attendant qu'on lui fasse l'aumône d'une bouchée de nourriture.

Puis il se rendait dans les bois épais, à la fraîcheur de l'ombre, y prendre le repos de sa quête, et seul, livré à la méditation, il y passait les heures accablantes de la chaleur jusqu'au soir qui le voyait joindre le cercle plein d'animation où la compagnie de ses amis et de ses ennemis dissertaient sur sa parole.

Le vêtement religieux des disciples du Buddha plaçait sur un rang d'égalité le maître et le serviteur.

Les femmes prenaient part à la vie religieuse; mais celles qui étaient disciples vivaient en communautés de nonnes réglementées par les moines. L'activité des femmes ne ménageait ni dons, ni peines, ni services, et leur zèle était une ressource inépuisable au Buddha et à ses disciples.

*
* *

C'est dans les quatre vérités saintes que consiste la grande voie du salut ; ce sont les quatre vérités qui reviennent sans cesse dans ses prédications.

Voici les merveilleuses propositions qui impressionnent les disciples de Buddha et qui sont la base de la doctrine.

1. — Voici, ô moines, la vérité sainte sur la douleur. La naissance est douleur, la vieillesse est douleur, la maladie est douleur, la mort est douleur, l'union avec ce que l'on n'aime pas est douleur, la séparation d'avec ce que l'on aime est douleur, ne pas obtenir son désir est douleur ; pour abréger, le quintuple attachement aux choses est douleur.

2. — Voici, ô moines, la vérité sainte sur l'origine de la douleur ; c'est la soif (de l'existence) qui conduit de renaissance en renaissance, accompagnée du plaisir et de la convoitise qui trouve çà et là son plaisir : la soif de plaisirs, la soif d'existence, la soif de puissance.

3. — Voici, ô moines, la vérité sainte sur la suppression de la douleur ; l'extinction de cette soif par l'anéantissement complet du désir, en bannissant le désir, en y renonçant, en s'en délivrant, en ne lui laissant pas de place.

4. — Voici, ô moines, la vérité sainte sur

le chemin qui mène à la suppression de la douleur ; c'est le chemin sacré à huit branches qui s'appelle foi pure, volonté pure, langage pur, action pure, moyens d'existence purs, application pure, méditation pure.

Nous avons trouvé dans un ouvrage de M. Lamairesse, *la Vie du Buddha*, la reproduction de la traduction qu'Emile Bournouf a faite d'une prédication célèbre de Buddha, *le Samanapata* ou « les avantages de la vie religieuse dans l'existence présente ».

Nous donnons à notre tour ces prescriptions : elles indiquent admirablement les méthodes employées par les religieux à la tête rasée pour professer le développement spirituel :

« Le religieux évite les conversations malveillantes et décline les commissions inférieures dont voudraient le charger des hommes au-dessus de lui, maîtres de maison, grands, rois. Il fuit ceux qui font le métier de jongleurs, de devins, d'astrologues et d'enchanteurs ou sorciers et qui ne recherchent que le gain.

« Il n'imite point ces Sramanas qui vivent d'une fausse science et de mensonge ; par exemple des horoscopes tirés des signes des membres et de la naissance, de l'explication des songes et des marques de ce qui est rongé par les rats; de la divination par le homa, du feu, de la cuillère, de la paille, du grain, du riz vanné, du beurre clarifié, de l'huile, de la bouche, du sang, par la connaissance des Angas, de l'architecture, des champs (sans doute la prédiction des récoltes); celle du bonheur futur, celle des Êtres (ou des Buthas), celle des serpents, des poissons, des scorpions, des rats, des faucons, des corbeaux; comme aussi par la considération du vol des oiseaux, des flèches, des cercles, des gazelles, par l'enseignement de l'art prétendu de se garantir des flèches. Il rejette la connaissance prétendue des signes : sur les joyaux, les bâtons, les étoffes, les armes, les femmes, les hommes, les jeunes gens, les jeunes filles, les éléphants et les animaux domestiques, les coqs, les perdrix, les ichneumons, les tortues, les gazelles.

« Il n'imite point non plus les Sramanas qui prédisent les événements futurs, annonçant qu'il y aura une irruption, une attaque des Rajas, une victoire, une défaite, etc.; ou bien les phénomènes astronomiques comme les

éclipses, l'apparition ou la disparition des
météores, etc., ou encore les changements
atmosphériques, comme la pluie, etc. : et aussi
la maladie, la santé, etc., les fléaux, etc.

« Ni ceux qui prétendent déchiffrer l'avenir
au moyen de diagrammes, de stances poétiques,
de la doctrine des Lokayatas, de charmes, de
conjurations, ou la stérilité des femmes en
interrogeant un miroir, les jeunes filles et les
dévas.

« Ni ceux qui, dans les mêmes buts, rendent
un culte au soleil, (les Vichnouvistes), servent
les grands, portent la lumière devant quelqu'un,
font des invocations sur la tête d'un autre.

« Il s'abstient et s'écarte « de la cérémonie
qui assure le succès », de la cérémonie de la
préparation des substances et des actes suivants
accomplis dans un but superstitieux : le rince-
ment de la bouche, le bain, l'acte de traire la
vache, de faire vomir, celui de purger par le
haut, par le bas ; de purifier la tête, d'oindre les
oreilles d'huile, de baigner les yeux, de faire
éternuer, de mettre un collyre aux yeux, des
collyres particuliers (à chaque membre), d'employer le morceau de bois (qui sert à nettoyer

les dents), de faire usage de la lancette, d'employer des médicaments extraits des racines, d'attacher des herbes médicales au corps d'un malade.

« Le religieux qui a observé toutes les abstentions prescrites, s'élève successivement aux divers degrés de la spiritualité et il en recueille les fruits ou résultats.

1. — Il ferme la porte de ses sens : il surveille sa vue, son odorat, etc. : il a toujours présente cette pensée : « Si l'organe de l'esprit (le manas) n'est pas retenu, il se répandra de tous côtés ; de là de violents désirs, le péché, etc. » Alors il contient cet organe. Celui qui exerce cet empire sur lui-même, *ressent un plaisir intérieur que rien n'égale.*

2. — Le religieux concentre son attention sur tous les actes matériels qu'il accomplit, soit qu'il parle ou garde le silence ; *de cette manière il est doué de mémoire et de connaissance.*

3. — Il est content de son vêtement et de sa nourriture quels qu'ils soient, et ne cesse de quêter. *C'est ainsi qu'il est satisfait.*

4. — En faisant ce qui vient d'être dit, le

religieux se corrige de tous ses défauts et de tous ses vices ; plein de miséricorde et de bonté pour tous les êtres, il est exempt de méchanceté. Ayant chassé le doute, n'interrogeant plus, il a l'esprit purifié du doute. Quand il sent qu'en lui les cinq obstacles sont détruits, le contentement naît dans son cœur et ensuite la satisfaction ; puis la confiance descend en lui et il en ressent du plaisir. Son esprit médite (se concentre.) Il est ainsi *à la première contemplation* qui est le plaisir de la satisfaction et de la distinction, né du détachement et accompagné de raisonnement et de jugement ; il se plonge dans ce plaisir qu'il ressent sur tous les points de son corps. Cela lui est compté comme méditation, résultat plus considérable que les précédents.

5. — Le religieux baigne son corps dans le plaisir de la satisfaction né de la méditation, c'est la deuxième contemplation.

6. — Par l'effet de la satisfaction et du détachement, le religieux devient indifférent, et conserve la mémoire et la connaissance. Il s'arrête au sein du bonheur après avoir atteint à la contemplation ; alors tout son corps est pénétré d'un plaisir exempt de satisfaction. A

ce point, cela lui est compté comme méditation, nouveau résultat plus grand encore.

7. — Quand, par l'indifférence au plaisir et à la douleur, ses impressions antérieures de joie et de tristesse ont disparu, le religieux est arrivé à la quatrième contemplation qui est la mémoire parfaite et l'insensibilité à la douleur et au plaisir ; il s'arrête à ce point. Son esprit ayant acquis une perfection et une pureté complète, il reste assis et tout son corps est comme touché par cet esprit parfait ; cela même lui est compté comme méditation.

8. — Ainsi dégagé, le religieux tourne son esprit vers la science et il exprime ainsi ce qu'elle lui révèle :

« Ce corps qui m'appartient a une forme ; il est composé de quatre grands éléments, soutenu par des aliments, sujet à l'altération et à la destruction. Cette intelligence qui m'appartient lui est enchaînée.» Cette vue lui est comptée comme sagesse. Nouveau résultat.

9. — Le religieux arrivé au plein recueillement et à l'impassibilité, dirige son esprit sur l'action de créer (en quelque façon) sous ses yeux le manas (le sens intérieur). Il se pré-

sente par la pensée un autre corps (subtil) tiré de ce corps (matériel) ayant une forme, consistant dans le manas, ayant ses membres et ses organes dirigés chacun en particulier et tous ensemble vers l'action. Nouveau fruit ou résultat général prévu !

10. — Parvenu à ce point il applique son esprit à la mise en action des pouvoirs magiques. Il s'essaie à l'exercice des facultés surnaturelles dont les effets sont divers. Quoique unique, il se multiplie sous plusieurs formes. Quoique s'étant multiplié, il est ou redevient unique ; il est tantôt visible, tantôt invisible ; il passe, sans être arrêté, à travers un mur, un rempart, une montagne, comme dans l'air; il plonge et replonge dans la terre comme il le ferait dans l'eau ; il marche sur l'eau sans enfoncer ; il traverse les airs, les jambes ramenées sous son corps ; il atteint et touche de la main le soleil et la lune et avec son corps franchit l'espace jusqu'au monde de Samanas. — Et cela même lui est compté comme sagesse. Nouveau résultat !

Ensuite, le religieux s'applique à l'ouïe surhumaine. Il entend les deux espèces de sons, les humains et les surhumains, ceux qui sont éloignés comme ceux qui sont rapprochés.

11. — Puis il dirige son esprit vers la connaissance de celui des autres. Il le pénètre et reconnaît si un esprit est ou non exempt de passions, entaché ou non de péchés, rempli ou libre d'erreurs, inférieur ou supérieur, recueilli ou non, affranchi ou non. Nouveau résultat !

12. — Alors le religieux s'applique à la connaissance distincte et au souvenir .de ses anciennes demeures (dans le monde). Il se les rappelle toutes, si nombreuses qu'elles aient été et se remémore toutes les circonstances de ces existences. Il se tourne ensuite vers la connaissance de la naissance et de la mort des créatures. Avec une vue surhumaine, il embrasse les êtres naissants ou mourants, prospères ou misérables, beaux ou laids, marchant dans la bonne voie ou la mauvaise suivant leur Karma. — Nouveau résultat.

13. — Puis il s'applique à la science de la destruction des souillures du vice : connaissant la douleur, et les effets des quatre vérités, etc. ; il connaît les souillures du vice, leur produc

tion, leur purification, et la voie qui conduit à celle-ci. — Quand il possède cette science, il est exempt des souillures du désir, de l'existence et de l'ignorance.

14. — Ainsi délivré, le religieux se dit : j'ai épuisé l'existence, j'ai accompli tous les devoirs de la vie religieuse, j'ai parfait ce qui était prescrit ; je n'aurai plus à revenir ici-bas.

« Cela même lui est compté comme sagesse. Nouveau résultat.

« Ainsi éclairé et édifié, le Roi se convertit aux paroles du Buddha. »

*
* *

Le nombre des religieux au temps de Buddha désirant suivre l'enseignement buddhique prenait une extension vertigineuse ; il résolut alors de créer des degrés hiérarchiques dans la Communauté.

Pour parvenir à être un religieux, il était de rigueur d'exprimer sa foi en Buddha et d'avoir la volonté arrêtée de le suivre.

Le néophyte se rasait les cheveux et la barbe en prononçant la formule suivante qui constititue la Triade Buddhique, l'invocation aux trois joyaux.

« Je mets mon recours dans la Doctrine ; je mets mon recours dans la Communauté ; je mets mon recours dans le Buddha. »

Les dix vœux sont un complément ajouté pour les moines aux huit vœux prononcés par les adhérents laïques : ils s'expriment ainsi :

« Je fais vœu de ne pas me servir de lit somptueux, mais d'une couche basse et dure ; je fais vœu de vivre toujours dans la pauvreté volontaire. »

En outre de l'acte d'adhésion, d'après Chaboseau, l'Upâsaka prononce les cinq vœux généraux :

1. — Ne tuer ni blesser aucun être humain, et autant que possible aucun animal ;

2. — Ne dérober le bien d'autrui ni prendre ce qu'autrui ne donnerait pas de bon gré ;

3. — S'abstenir de tout commerce sexuel contre nature, et ne séduire ni la femme, ni la fille, ni la pupille de son prochain, ni en général aucune des femmes que protège la maison de ce prochain ;

4. — S'abstenir du mensonge, de la tromperie, de la calomnie ;

5. — S'abstenir de toute boisson enivrante autre que le vin et la bière, dont un usage modéré est permis, et de toute drogue hallucinatoire ou soporifique ;

Joints aux précédents voici ce que forment les huit vœux ;

6. — S'abstenir de manger en dehors d'un repas méridien ;

7. — S'abstenir d'exécuter ou de regarder, ni écouter danses et représentations théâtrales, chants et musique profanes ;

8. — Ne porter ni bijoux ni autre parure, et n'user de quelque parfum que ce soit.

Les malades incurables ou contagieux, les infirmes de conformation et ceux qui semaient le désaccord dans le dogme étaient exclus du Buddhisme, ainsi que les enfants mineurs et et ceux âgés de moins de vingt ans, les esclaves, les soldats et ceux qui avaient fait des dettes.

Il y avait deux ordinations. L'ordination inférieure et l'ordination supérieure. Le premier degré pouvait être donné par un religieux ; alors le novice, les cheveux et la barbe rasés, couvert du manteau rapiécé, se plaçait sous les ordres d'un religieux pour étudier la doctrine.

La seconde ordination était des plus simples, décrit Oldenberg.

Respectueusement incliné devant le chapitre ou assemblée des moines, le récipiendaire commençait :

« Je sollicite de la communauté, ô Révérends, l'ordination. Puisse la Communauté, ô Révérends, m'élever jusqu'à elle ! Puisse-t-elle avoir compassion de moi ! » Trois fois il renouvelait cette demande.

Après avoir subi un petit interrogatoire, un membre de la Communauté alors prenait la parole.

« Que la Communauté m'entende, ô Révérends. Un tel, ici présent, désire vivre comme élève du Révérend, un tel veut recevoir l'ordination. Il est libre des empêchements à l'ordination. Il a la sébile et les vêtements. Un tel sollicite de la Communauté l'ordination avec un tel comme Directeur.

« La Communauté confère l'ordination à un tel, avec un tel pour Directeur. Celui des Révérends qui est d'avis que l'ordination soit conférée à un tel, avec un tel pour Directeur, que celui-là se taise. Celui qui est d'avis contraire, qu'il parle ! »

Si aucune protestation ne s'élevait, le postulant était reçu.

« Un tel a reçu de la Communauté l'ordination avec un tel pour Directeur. La Communauté est de cet avis, c'est pourquoi elle se tait ; c'est ainsi que je l'entends. »

A partir de ce moment le postulant devient ascète et mendiant religieux, faisant partie de la Confrérie des Elus, de l'Eglise Buddhique.

*
* *

L'âge et le mérite furent les premiers degrés de préséance. D'après l'intelligence et les aptitudes de ses adeptes, le Buddha leur montrait quatre états successifs pour atteindre le but suprême.

Il reste deux titres très élevés, mais qui sont rarement atteints par l'homme, c'est celui d'un Boddhisatva, ainsi que l'intelligence d'un Buddha.

Chaque matin les moines de la Communauté s'en allaient mendier de porte en porte, leur nourriture qu'ils prenaient dans le milieu du jour, et qui devait être l'unique repas.

La tenue devait être irréprochable et d'une correction absolue. Ils devaient fabriquer leurs vêtements eux-mêmes avec des vieux morceaux d'étoffes.

Les repas se prenaient en commun, les exercices spirituels aussi en commun afin de s'instruire entre eux et de s'aider mutuellement.

Il était nécessaire au jeune moine de passer cinq années sous la direction spirituelle d'un Religieux avant de se rendre à la mendicité et de réciter les maximes du Buddha.

La journée se prolongeait jusqu'à une heure assez avancée de la nuit ; le sommeil étant de courte durée, les moines discutaient la doctrine, traitant les points difficiles, échangeant leurs observations. Deux fois par mois, ils devaient tous se confesser les uns aux autres.

La Communauté ne pouvait rien accepter, n'en ayant pas plus le droit que chaque moine en particulier.

Pendant les trois mois de la saison des pluies,

les moines ne voyageaient ni ne couchaient au dehors. Ils avaient eux-mêmes taillé, dans des grottes, des cellules, qui plus tard sont devenues les immenses monastères du Buddhisme.

Les temples d'Ellora, creusés dans une montagne de granit sur huit kilomètres de long, sont l'un des plus merveilleux spécimens de ce culte aux Indes.

*
* *

Tout moine qui avait commis une faute était expulsé. Il pouvait cependant ne pas quitter la Communauté s'il avait du regret pour sa vie passée.

Quoique Buddha ne fût pas partisan des femmes, beaucoup firent partie de l'auditoire de Çakya-Muni.

La communauté des Nonnes subissait la même loi que celle des hommes, la chasteté absolue; l'exclusion était de suite prononcée, si l'on manquait à ce vœu.

Elles devaient aussi mendier pour vivre. Et ce n'était qu'après avoir passé devant l'assemblée des Religieux que l'ordination d'une nonne était prononcée. La confession, qui avait lieu entre elles, était obligatoire, et devait être refaite en publique devant la communauté des Religieux.

Le Buddha répétait souvent qu'il était arrivé à la perfection par ses propres forces ; le matériel ne lui inspirait que dégoût.

Il n'enseignait rien au sujet de Dieu et n'admettait pas que Dieu intervînt dans la détermination d'actes pour punir ou récompenser ; aussi le culte n'est, pour les premiers Buddhistes, qu'un hommage rendu au Buddha, le fondateur de leur doctrine. Le culte à Dieu devenait alors inutile, de même l'étude pour définir son essence et son rapport envers l'homme.

Dans le Buddhisme les différentes classes des fautes commises sont très détaillées ; le livre qui contient le *Sutra sur l'affranchissement*, d'après le comte de Lafond, comprend deux cent cinquante-trois fautes que ces règles condamnent sévèrement. Et d'après la nature de ces fautes, elles sont divisées en cinq chefs.

Comme dans le Brahmanisme, le Buddhisme croit à la compensation des mauvaises actions par les bonnes.

*
* *

Une autre cérémonie était l'Invitation. Les moines, après la saison des pluies, au moment de se séparer de nouveau pour voyager loin de la Communauté, se réunissaient en grande assemblée cérémonieuse, où chacun venait, dans une attitude respectueuse, prier ses frères spirituels de lui faire savoir s'ils avaient un reproche à faire dans sa conduite ou quelques autres fautes à signaler.

« J'invite, disait-il, ô Révérends, la Communauté. Si vous avez entendu de moi quelque chose ; ou si vous avez quelque soupçon contre moi, ayez pitié de moi, ô Révérends et le dites : Si je le reconnais, je veux l'expier. »

Vivre dans la pureté volontaire, séparé des fastes du monde, ne faire du mal à aucun être vivant y compris les animaux, rendre le bien pour le mal, prêcher la Doctrine vêtu d'un vieux manteau, ayant pour toute nourriture un peu de pain et de riz bouilli, était la règle du moine.

La Confession est un mode d'expiation pratique chez les Buddhistes. Dans la Communauté elle avait lieu tous les quinze jours durant la Pleine et la Nouvelle Lune, qui devaient correspondre avec le jour du jeûne.

Il n'y a besoin que de deux objets pour célébrer le culte du Buddhisme. Des statues de Çakya et des édifices contenant des reliques de son corps ; avec cela les cérémonies les plus simples, consistant en offrandes de fleurs et de parfums que l'on brûle nuit et jour, ainsi que des chants et des prières dites avec recueillement et méditation.

Mais malgré la simplicité du Culte, le Buddhisme n'a point échappé au mouvement humain du faste décoratif. Il dépassa la pensée du MAÎTRE, des honneurs royaux lui furent donnés à ses funérailles.

L'homme qui ne voulait pas être roi, ayant fait vœu de pauvreté, ne pouvait accepter mort des honneurs qu'il avait toujours refusés de son vivant.

Les dernières paroles du Buddha sont :

« Le meilleur moyen de m'honorer c'est de suivre ma doctrine ! »

*
* *

Buddha s'est posé en homme, et les images qui le représentent ont la figure et la forme d'un homme dans une attitude de méditation et d'enseignement profond.

Aucune secte de l'Inde et de l'Asie, qui donnent des formes étranges aux Dieux, n'a osé diviniser le Buddha, car, d'après le Buddhisme, c'est l'homme qui est devenu Dieu.

Recherchant le perfectionnement spirituel, les Buddhistes attendent, la conscience calme, le moment de passer au Nirvâna.

Sans aucun culte, simples moines, les Religieux du Buddha réalisèrent l'idéal parfait du Délivré.

Dans la fermeté du sacrifice et du renoncement, le Tathagata a réalisé la perfection de la vie terrestre.

« Tu te détacheras de ce monde. »

La Droiture, la Méditation, la Sagesse est pour le Buddhisme le salut qu'il place comme terme du grand voyage moral, la Délivrance. Les cinq règles du Texte sacré sur la Droiture sont :

1. — Ne pas tuer d'être vivant.

2. — Ne pas prendre ce qui ne vous appartient pas.

3. — Ne pas toucher à la femme d'un autre.

4. — Ne pas dire ce qui n'est pas la vérité.

5. — Ne pas boire de liqueur enivrante.

*
* *

L'activité morale pour le Buddhiste est au cœur même de la vie personnelle et dans un travail perpétuel de la discipline intérieure.

D'attacher trop d'attention à l'extérieur, les perceptions transmises à l'esprit comprometteraient la paix intérieure dans toute sa pureté; il a toujours présent à la mémoire d'observer les bienséances.

La conscience doit être toujours d'une clarté précise et nette ; c'est de parler qui décide l'action, la parole alors est nulle là où les actes ne sont pas.

Toutes les créatures, dieux et hommes, vont et viennent pour renaître encore après la mort. Le Buddhiste n'a à remercier Dieu de rien. N'en possédant pas dans la lutte, il n'en a pas besoin ; il ne possède qu'un secours, l'aide de ses prédécesseurs dans ce même chemin, l'illumination le récompense, la victoire c'est sa propre force.

La grande préparation à ce triomphe est la méditation intérieure, qui est pour le Buddhisme, la prière. Buddha ne délivre pas les Êtres, mais il enseigne de se délivrer comme lui-même l'a fait.

En détachant l'homme des liens de ce monde, en lui retirant tout besoin, l'âme généreuse contemplative du Buddha a cherché ainsi à effacer les douleurs et les maux de l'humanité, et c'est pour cela qu'il est l'ami de la vertu et des hommes.

L'unique préoccupation du Gautama était d'enlever l'homme à la douleur, de mépriser le plaisir comme la souffrance, la richesse comme la pauvreté, et par la méditation de supprimer la notion de la vie extérieure.

Par la pureté, la charité envers nos semblables, l'homme élève son âme et ce n'est qu'en obéissant à ces préceptes de haute sagesse que l'homme atteint alors le Nirvâna, et ainsi échappe aux transmigrations futures.

La moralité buddhique n'est qu'un moyen d'une vie finale, qui est la Délivrance. Le Buddha ne pouvait être un Sauveur dans le sens divin, puisque le salut que l'on attend de lui ne vient pas d'un dieu.

C'est la faculté de la connaissance, et c'est à cette profonde connaissance des lois de la Nature que le maître acquit le savoir immense qui lui permit de prendre une position qui, du même coup, le plaçait hors de la douloureuse atteinte de l'évolution des cycles, de ce va-et-vient des âges du monde, suprême effort vers la lumière de la Délivrance.

L'Orient a toujours été l'officine des religions ; Mazdeisme, Judaïsme, Buddhisme, Lamaïsme Christianisme et Islamisme, tous sortent des mêmes pays du soleil avec les cultes natura-listes et multiformes d'Osiris, Isis, d'Horus, d'Astarté, de Baal, d'Agni, d'Indra, de Bacchus et de Dêmêter.

En quelques années le Buddhisme se pro-pagea avec une rapidité prodigieuse ; l'éducation des volontés individuelles, s'y poursuivant à travers les péripéties où l'intelligence s'en-traîne à déjouer les pièges de l'instinct jusqu'à ce que la plus nombreuse possible des volontés collectives soit établie indéfectiblement.

Plus l'étude du Buddhisme avance, plus la figure du Çakya-Muni se dégage des nuages indiens, plus le Buddha existe visible, tangible avec la notion qu'il est humain, fait de chair et d'os, car Buddha fondateur de religion, a dit Quinet, est un second exemple aussi frappant de la manière dont un système philosophique descend dans l'imagination des peuples. Schopenhauer le grand et célèbre philosophe, exprime la doctrine des moines rasés et, sur le « Non-moi, sans moi », analyşe le devenir des êtres et des choses d'après Buddha.

Buddha comprit d'une façon absolue le sentiment de la misère humaine.

.·.

« La première stabilité pour une association, dit-il, est que la femme doit être adjointe à l'homme et l'homme doit prêter assistance à la femme et c'est pour cela qu'il est recommandé de ne pas instruire la femme moins que l'homme. »

Afin de hâter l'heure de la délivrance individuelle, il faut observer les lois du Bien. Chacune se trouve à sa valeur subjective, sans égard pour quelque accident objectif que ce soit. Aussi, écrit le jeune philosophe Augustin Chaboseau, le principe des castes est-il incompatible avec le Buddhisme ; les associés se solidarisent avec le plus complet désintéressement.

Les fidèles du Çakya-Muni se nourrissent exclusivement d'aliments végétaux, régime ordonné pour développer la lucidité et la souplesse de l'intelligence et de la mémoire, pour purifier les mœurs et adoucir le caractère.

D'après Burnouf, chaque Buddha possède trois natures distinctes, dont chacune appartient à un monde distinct comme elle.

La première nature n'existe que dans le premier monde, celui du vide.

C'est la nature de l'abstraction, de l'état absolu, de l'être en soi ; c'est Buddha dans le Nirvâna.

La seconde nature est la manifestation du Buddha, au sein de la puissance et de la sainteté ; elle paraît dans le second monde ; c'est le Buddha céleste.

La troisième est sa manifestation sous une

forme humaine, elle paraît dans le troisième monde.

C'est le Buddha humain. Ainsi le Buddha appartient aux trois mondes à la fois, car il est illimité.

Le Buddhisme humanise Dieu jusqu'à le confondre avec le monde, divinisant l'homme, jusqu'à le sacrer maître de cet Univers dont les multiples apparences ne relèvent que de son libre-arbitre.

Buddha ignore le Hasard tout comme la Providence, et autant les cultes nouveaux se montrent d'ordinaire exigeants, autoritaires, exclusifs, autant le Buddhisme fut, et cela dès l'abord, accueillant, libéral, débonnaire.

« Ce qui est d'accord avec le bon sens est d'accord avec la vérité et doit être pris pour guide. »

*
* *

« Quel sujet de rire, quelle joie y-a-t-il ici-bas ? » s'écrie toujours Buddha.

Lorsqu'on se réfugie en Buddha, dans la Loi et dans la Communauté on contemple d'une vue complète les quatre vérités principales, la

douleur, l'origine de la douleur, la destruction de la douleur et la voie sainte aux huit
embranchements qui conduit à la destruction
de la douleur.

L'observation dans le sein de la Communauté,
de la Loi prêchée par Buddha, voilà l'unique
voie ouverte devant celui qui veut faire son
salut, ce salut devenu si célèbre sous le nom de
Nirvàna.

« Je ne vous commande pas de faire des
miracles, disait Buddha à ses disciples, mais
de tenir vos bonnes actions secrètes et de confesser bien haut vos péchés. Ma Loi est une Lo
de grâce pour vous. Ma doctrine est comme le
ciel, il y a place pour tous, sans exception ;
hommes, femmes, enfants, pauvres et riches. »

Les annales chinoises signalent *le Sutra en
quarante-deux articles* comme le premier traité
Buddhique.

Le texte indien (Sanskrit ou Pàli) est com-
plètement ignoré. On admet volontiers que ce
livre existait dans l'Inde vers l'an 65, lorsque
des envoyés de Chine vinrent y puiser l'enseignement du Buddha.

*
* *

La puissance et la sublimité des doctrines primitives de Gautama devraient être estimées par leur influence et non par leur interprétation.

Des forêts de fleurs sont journellement placées devant son image, et des millions de lèvres murmurent cette formule idéalement belle, sublime même :

« Je prends refuge en Buddha. »

*
* *

« Buddha prépare silencieusement sa doctrine par six années de retraite et de méditation, il la propage par la seule puissance de la parole et de la persuasion pendant plus d'un demi-siècle, et quand il meurt entre les bras de ses disciples, c'est avec la sérénité d'un sage qui a pratiqué le bien toute sa vie, et qui est assuré d'avoir trouvé le vrai. »

Le professeur Max Müller dit du Prince Siddharta :

« Sa vie n'a point de tache. Son constant
« héroïsme égale sa conviction, et si la théo-
« rie qu'il préconise est fausse, les exemples
« personnels qu'il donne sont irréprocha-
« bles.

« Il est le modèle achevé de toutes les ver-

« tus qu'il prêche, son abnégation, sa charité,
« son inaltérable douceur ne se démentent
« point un seul instant. »

L'Orient est comme un Soleil d'où l'étincelle rayonnante de la lumière éclaire les splendeurs civilisatrices qui sont les Progrès de l'Occident.

Le Buddhisme est une religion supérieure puisqu'elle demande la vertu héroïque de s'enlever à cette misérable existence sans autre violence que celle que l'on se fait pour atteindre le Nirvâna.

« Coupe en toi l'amour de toi-même, de même qu'avec la main, en automne, on coupe un lotus. Aspire après la voie de la quiétude, après le Nirvâna enseigné par le Sugata, celui qui est heureusement arrivé, Buddha. »

FIN